Michael Heinen-Anders

Meine rätselhafte Biographie – oder wie ich zum Anthroposophen wurde

Herstellung und Verlag: BoD – Books on Demand, Norderstedt

ISBN: **9783756822089**

Inhaltsverzeichnis

Meine rätselhafte Biographie – oder wie ich zum Anthroposophen wurde

Zunächst ging ich auf eine katholische Grundschule. Dort traf ich auf eine pädagogisch sehr gut agierende Lehrerin, die wir alle nur „Frl. Statz" nannten. Doch plötzlich nach einem Jahr, da war sie von der Schule verschwunden.

Stattdessen bekamen wir einen ausgesprochenen Verfechter der „Schwarzen Pädagogik", Herrn Lindlar. Ihm war der Drill unserer Klasse ein besonderes Anliegen und er schlug uns auch regelmässig.

Hinzu kam, dass wir damals die sogenannten Kurzschuljahre hatten, also vier Klassenstufen in nur drei Jahren.

Trotzdem hatte ich leicht überdurchschnittliche Noten. Dennoch erhielt ich eine Empfehlung, die damals unumstößlich war, für die Hauptschule, denn mein Vater war ein einfacher Briefzusteller.

Nach einem Jahr Hauptschule sollte ich in die Sonderschule abgeschoben werden. Doch dies verhinderte ein verpflichtender vorheriger IQ-Test, bei dem ein IQ von 120 festgestellt wurde.

Also stand mir nun der Weg in die höhere Schule offen. Es standen zur Wahl ein Gymnasium und eine Realschule. Ich entschied mich für die Realschule, da ich auf dem Gymnasium auch samstags Unterricht gehabt hätte.

Ich interessierte mich schon in frühester Jugend für die Welträtsel. Egal ob in Religion oder in dem, was man in meiner Jugend schon im weitesten Sinne, Philosophie nennen kann, war ich wirklich stets auf der Suche nach der Wahrheit.

Dass diese irgendwo in der Weltliteratur verborgen sein musste, das war mir irgendwie klar. Zunächst aber las ich mit wachsender Begeisterung Camus, Sartre, Steinbeck, Brecht, Max Frisch usw. – doch immer handelte es sich um Agnostiker, denen ich nur wenig zu den Welträtseln entlocken konnte.

Mein Interesse an Lyrik und Prosa förderte sehr nachhaltig mein Deutschlehrer, Herr Tornow.

Freunde hatte ich anfangs nur wenige, doch das änderte sich plötzlich.

Einige Jahre erhielt ich Gitarrenunterricht bei einem Geiger an der Volkshochschule.

Als ich von meiner Mutter eine E-Gitarre geschenkt erhielt, war ich als E-Gitarrist schnell Mitglied einer Klique, die sich um den Bass-Gitarristen unserer Band, Winfried „Winnie" Wagner, gruppiert hatte. Als weitere Mitglieder der Band stießen hinzu ein E-Pianist und ein Schlagzeuger.

Auch öffnete in meiner Nähe – ich selbst wohnte in
Köln-Lövenich – ein Jugendfreizeitzentrum in Köln-
Weiden. Vermutlich dort lernte ich Bernhard Kappus
kennen. Dieser organisierte Partys, damals sprach
man von Feten, auf die ich auch regelmäßig eingeladen wurde. Dort lernte ich auch Freundin Nr. 1
und dann auch Freundin Nr. 2 kennen.

Kurz bevor ich die Realschule abschloß, lud mich
ein Schulfreund nach Köln-Junkersdorf in die dorti-
ge Jugendfreizeiteinrichtung der evangelischen
Gemeinde mit Namen „Magadha“ für indisch „Kö-
nigreich“ ein.

Als ich 1976 das erste Mal das „Magadha“
(T.O.T./Jugendzentrum) besuchte, wohnte ich noch
in Köln-Lövenich. Ich erinnere mich noch an die ein-
ladende Atmosphäre, an exotische und würzige
Teedüfte, und an einen ersten Kurs in Yoga, den ich
dort bei Frau Steinrücke besuchte. Schon bald wurde ich aktiver, erwarb den Jugendleiterschein und
widmete mich im Rahmen der Jugendzentrumszeit-
schrift „KLEXPRESS“ der Formulierung kurzer Arti-
kel, von Kurzgeschichten und Gedichten. Zu meinen Gedichten inspirierte mich damals zudem meine erste „richtige“ (auch sexuelle) Freundin, Margit
Müller, die später auch die Theatergruppe des
„Magadha“ mit ihrer Bühnenpräsenz sehr prägte.

Also Freundin Nr. 3. Mehrfach verbrachte ich die
Sommerferien teilweise in der Bretagne, im Rahmen von Jugendfreizeiten der T.O.T. „Magadha".
Einmal fuhren wir – 1978 – nach England.
Southend-on-sea war dort unser Urlaubsort. Einer
unserer Betreuer war der spätere Stadionsprecher
des 1. FC Köln, Michael („Micky") Trippel der damals auch die Theatergruppe des „Magadha" leitete. Wir unterlagen einer englischen Mannschaft im
Fußballturnier, verbrachten aber dennoch eine ab-
wechslungsreiche Zeit dort. Auf einem Abstecher
nach Südengland durften wir die Menhire von
„Stonehenge" besichtigen. Auch den Hyde-Park mit
seiner „Speakers-corner" und viele weitere Attrakti-
onen in London besuchten wir in diesem Rahmen.
Ab Mitte 1979 wohnte ich dann selbst in Köln-
Junkersdorf, in der Maarstraße, gleich um die Ecke
der beliebten Teestube „Magadha". Es fanden
Rockkonzerte statt, es gab eine Theater AG, und
hin und wieder wurde auch eine „Disco" veranstaltet. Ab 1980 war ich zugleich für eine offene Bera-
tung für Kriegsdienstverweigerer zuständig. All dies
verantwortete seitens des Presbyteriums der evangelischen Gemeinde dort, Frau Helga Schlapka, der
ich für ihr Engagement sehr dankbar bin. Da ich ab
Oktober 1982 in Wuppertal an der Bergischen Universität-Gesamthochschule studierte, verlor sich
allmählich meine Aufmerksamkeit für die Veranstal-
tungen im „Magadha". Alles in allem, war es eine

prägende Zeit für mich, für die ich, auch im Nach-
hinein, noch sehr dankbar bin. 1985 verzog ich
nach Köln-Höhenberg und hatte von da ab, keinen
Kontakt zum „Magadha" mehr.

Bereits 1976 begann ich eine kaufmännische Lehre
bei der W.E. Saarbach GmbH im Groß- und Au-
ßenhandel, genauer gesagt im Buchhandel.

1979 schloß ich meine Lehre dort ab, wurde nach
der Ausbildung nicht übernommen, der langen Haa-
re wegen, und fand schließlich eine Stelle im Buch-
einzelhandel in Bergisch Gladbach.

Gleichfalls um diese Zeit – 1979 – lernte ich durch
eine Anzeige im Kölner Straßenmagazin „Stadt-
Revue" eine Literaturzeitungsinitiative kennen, bei
der ich bis 1982 mitwirkte. Dort lernte ich auch eine
begeisterte Anhängerin der Homöopathie kennen,
die mir wegen anhaltender Beschwerden einen ho-
möopathischen Arzt in Köln-Lindenthal, Dr. Müller,
empfahl, den ich auch aufsuchte und mich fürs erste recht überraschend schnell von einer Schilddrü-
senfehlfunktion kurieren konnte.

Um die Zeit des ersten Mondknotens herum trennte
sich Margit Müller von mir, was bei mir stärkste Depressionen auslöste. Lediglich die Tätigkeit bei der
Literaturzeitung „Handzeichen" lenkte mich davon
ab.

Die Buchhandlung in der ich ab 1979 arbeitete wies einige Besonderheiten auf. Sie war aus einer akademischen Buchhandlung in Köln, in Uni-Nähe hervorgegangen, und führte somit auch wissenschaftliche Literatur. Herr Dr.-Ingenieur Wiebelitz, ein Mitglied der Anthroposophischen Gesellschaft kaufte dort regelmäßig Schriften und Vorträge Rudolf Steiners, so dass ich dann auch auf die Anthroposophie aufmerksam wurde, und begann einführende Vorträge und die grundlegenden Schriften Rudolf Steiners mit immer größerer Begeisterung durchzuarbeiten.

1980 wurde die Buchhandlung schließlich verkauft, das Personal wurde nicht übernommen – so war ich damit arbeitslos.

Ich begann mich mit Vorbereitungskursen auf den Besuch der Fachoberschule für Wirtschaft in Köln, in der Lindenstraße vorzubereiten, die ich dann ab 1980 auch als Schüler der Klasse 12 besuchte.

Zunächst widmete ich mich Tätigkeiten in einer Theater AG der Schule, auch war ich Stufensprecher, was mich alles zu sehr vom eigentlichen Unterricht ablenkte, so dass ich die Klasse 12 wiederholen musste. Freundin vier, fünf und sechs folgten in dieser Zeit.

1982 war der Abschluß der Fachhochschulreife denn auch endlich geschafft.

Während meinem anschließenden Studium erwarb ich studienbegleitend die fachgebundene Hochschulreife (also eine Stufe höher, als die Fachhochschulreife).

Doch zunächst einmal eine kurze Schilderung, wie es zu meiner Studienwahl kam:

Normalerweise lernt man in der Heimatstadt überwiegend Menschen kennen, die schon dort geboren sind. Rudolf Steiner betonte, wie stark in unserer Bewußtseinsseelenzeit die „Fernehe" gefordert sei, die „Nahehe" abzulösen, um mit der Herrschaft von Stammes- und Blutsverwandtschaft – die noch aus längst überlebten Zeiten herstammen – brechen zu können.

Die Gelegenheit Menschen aus anderen Regionen kennen zu lernen, bietet sich für gewöhnlich in internationalen Studentenclubs. Dort wird der jeweilige Besucher kontrolliert, ob er auch tatsächlich Student ist, als Ausweis dient dazu der Studentenausweis.

Im Jahre 1982, als ich dann endlich hochschulzugangsberechtigt war, versäumte ich es lange, einen Studienort zu wählen, die Termine für die Studienplatzvergabe waren bereits lange verstrichen.

Da fand ich zufällig durch eine Ausgabe der Zeitschrift „Wirtschaftswoche", die den Schwerpunkt Studienwahl hatte, heraus, dass an der (Bergischen) Universität-Gesamthochschule Wuppertal (BUGHW) die Studienplatzvergabe unbeschränkt angeboten wurde, also der Numerus clausus und ähnliche Hemmnisse für das Fach Wirtschaftswissenschaft dort entfielen. Die Studienplätze wurden direkt von der Hochschule vergeben.

Als ich dort Anfang August anrief, sagte man mir zu, mich zu einem relativ späten Termin, Anfang Oktober einschreiben zu können. Doch, durch vergangene Erlebnisse gewarnt, war mir recht schnell klar, dass ich dann nur noch wenige Tage für meine BA-FöG-Antragstellung hätte, somit wäre mit einem Geldeingang noch im Oktober, also zu Studienbeginn, nicht mehr zu rechnen gewesen. Also rief ich nochmals das zuständige Studentensekretariat an, mit der Bitte um einen früheren Termin. Man sagte mir: „Ach kommen sie einfach vorbei…". Als ich dann tatsächlich in Wuppertal dort anlangte, war man zwar entsetzt, da ich erst einen sehr viel späteren „eigentlichen" Einschreibetermin gehabt hatte, stellte mir das Studienbuch und einen provisorischen Studienausweis dennoch – trotz einigen Murrens – auf den Tag genau aus, an dem ich erstmals Wuppertaler Boden betreten hatte – all dies geschah noch ganz zu Anfang August.

Nun hatte ich ja auch einen zwar provisorischen, aber dennoch bereits gültigen Studienausweis, und besuchte damit denn abends auch gleich den Kölner internationalen Studentenclub „Das Ding". Dieser galt damals durch die Art der Inneneinrichtung und Gestaltung als besonders günstig, um ein Wesen des anderen Geschlechts kennenlernen zu können. Und tatsächlich traf ich dort auf meine spätere Frau, Karin Anders, mit der ich nach einigen Jahren zwei Kinder zeugte, und eine immerhin 20-jährige Beziehung innehatte – bevor diese Ehe dann zerbrach (doch davon später mehr).

Meine künftige Frau kam tatsächlich aus dem Westerwald, den ich bis dahin nicht kannte, aber nun bestens kennenlernen sollte. Hinterher sagte mir meine künftige Frau damals dann auch noch, „hätte nicht ich sie angesprochen, so hätte sie selbst mich angesprochen", - so kam zusammen, was aus Sicht der geistigen Welt zusammengehört. Es hatte also die geistige Welt eingegriffen.

Noch während meines Studiums lernte ich über meine eigene Gründungsberatung (für Existenzgründer, die ich zusammen mit einem Informatiker betrieb), welche mit Landesgeldern bezuschusst

wurde, eine sogenannte „Projektentwickle-
rin/Projektberaterin" des NETZ für Selbstverwal-
tung NRW e.V. in Köln kennen.

Recht schnell wurde mir klar dass dieser in der Un-
ternehmens- und Projektberatung angesiedelte Job
eigentlich mein Traumjob war. Ich hörte zwar, dass
dort für gewöhnlich vor allem Diplom-
PädagogInnen, LehrerInnen, Sozialwissenschaftle-
rInnen usw. usf. eingestellt wurden, liess mich aber
davon nicht bange machen, obwohl ich ausgebilde-
ter Diplom-Ökonom war. Letztlich, so sagte ich mir,
passt dieser – nämlich mein - Beruf doch ganz ausgezeichnet, zu solch einer Art Tätigkeit.

Nachdem ich bereits in einer kleinen Kölner Film-
Firma im Rahmen eines befristeten Vertrags erste
Berufserfahrungen gesammelt hatte, und das Arbeitsverhältnis auch bereits wieder beendet war, da
las ich in der Rheinischen Post „Projektentwickler"
von großem Wohlfahrtsverband gesucht. Dort be-
warb ich mich dann, und wurde – eigentlich wieder
erwarten – auch zu einem Vorstellungsgespräch
eingeladen. Da ich vor diesem Gespräch reichlich
nervös war, besorgte ich mir in der Apotheke ein
nicht verschreibungspflichtiges anthroposophisches
Angstlösungsmittel, Pulmo D6 in einem 20 ml-
Gläschen, - kurz vor dem Gespräch trank ich in einem unbeobachteten Moment das ganze Mittel auf
einmal – so überaus nervös war ich – und es half

tatsächlich. Ich konnte mich ausgezeichnet präsentieren und auf die allfälligen Fragen, auch genau das richtige antworten.

Als ich am Wochenende darauf meine Post durchsah, da fand ich eine Stellenzusage, allerdings auf 2 ½-Jahre befristet und relativ gering bezahlt. Ich sagte dennoch zu – denn ich hatte wider Erwarten einen Traumjob gefunden, so wollte ich es wenigstens zu Beginn noch sehen. Tatsächlich hatte ich ein Jahr lang sehr zu kämpfen auf dieser Stelle, angesichts der doch recht hohen Erwartungen an diese Position. Doch nachdem 1 ½ Jahre auf dieser Stelle vorbei waren, konnte ich tatsächlich sagen, dass diese Stelle einen Traumjob darstellte, mit dem großen Manko allerdings, dass sie furchtbar schlecht bezahlt wurde.

Und auch hier griff die geistige Welt wieder ein, denn ohne das Mittel aus der anthroposophischen Medizin wäre ich wohl zu nervös und unkonzentriert gewesen, um mich optimal präsentieren zu können. (Meines Wissens ist das Mittel heute nur noch in Ampullenform erhältlich).

Als die zeitliche Befristung auf dieser Stelle verstrichen war, erhielt ich den Tipp eines Mitarbeiters einer weit entfernten Außenstelle dieses Wohlfahrtverbandes, es wäre eine weitaus besser bezahlte Stelle in der Wirtschaftsförderung Kreis Borken ausgeschrieben, in welcher ich mein können noch hervorragender einsetzen konnte. Da ich einen Teilnehmer des Vorstellungsgesprächs auch bereits vorher beruflich bedingt kannte, und da dieser offensichtlich eine hohe Meinung von mir hatte, so erhielt ich auch auf diese Stelle eine Zusage. Der Haken war nur die sehr kurze Laufzeit der Befristung von nur 10 Monaten. Dass ich danach dann wieder arbeitslos war, das hätte ich mir im vorhinein nicht träumen lassen, doch genau so war es.

Nun folgte eine Phase längerer Arbeitslosigkeit, die ich aber gut zu nutzen verstand (doch davon später mehr). Auch jetzt überlegte ich wieder, was denn wohl mein Traumjob wäre. Und siehe da, ich kam auf die Sozial-, Schuldner- und Arbeitslosenberatung. Eine solche Anlaufstelle hatte ich im Rahmen meiner beiden vorherigen Stellen wiederholt besuchen können, musste aber erfahren, dass es solche Stellen in der Regel nur als befristete ABM-Stelle gab. Da ich bereits ein halbes Jahr arbeitslos war, kam ich für solch eine ABM-Stelle durchaus in Frage. Ich benötigte nur noch die Zuweisung des Arbeitsvermittlers der (damals noch) Bundesanstalt für Arbeit. Diese erhielt ich zu meiner Überraschung auch. Als ich mir die Einrichtung einmal näher anschauen wollte, so fand ich nur eine einzige Mitarbeiterin der Einrichtung vor, Samira E., - eine Deutsche, die sich aber einem Sufi-Orden angeschlossen hatte, und nebenher noch Sozialarbeiterin war. Sie führte mich durch die ganze Einrichtung und zeigte mir auch die Beratungsbüros, wobei ich überaus von ihrer ruhigen und freundlichen Art sehr angetan war.

Tatsächlich wurde ich auch hier zum Vorstellungsgespräch eingeladen, und dank der Fürsprache eben jener Samira E., erhielt ich denn auch diese Stelle, allerdings nur befristet auf 11 Monate.

Und wiederum hatte hier wohl die geistige Welt ihre Hände mit im Spiel, denn Samira sagte mir später, man habe meinen Augen angesehen, dass ich ein spiritueller Mensch sei – dies gab dann wohl für sie den Ausschlag.

Obwohl ich nach vorübergehenden Irrwegen beruflich schließlich eine Phase einleiten konnte, die mir ganz und gar entsprach, war es so dass durch die vielfältigen Verpflichtungen – auch im Hinblick auf meine gleichzeitig noch zu erziehenden Kinder - diese doch meine ganze Aufmerksamkeit erforderten.

Schöpferische Pausen, gab es da wenige. Doch es ergab sich, dass aus meinem ersten Arbeitsverhältnis herrührende Rechtsstreitigkeiten, zu einem „dicken" formalen Fehler seitens des von mir beauftragten Anwaltsbüros führten. Nachdem durch alle Instanzen erfolglos geklagt worden war, mußte so die Haftpflichtversicherung meines Anwalts eintreten, doch dies geschah erst einige Jahre, nach dem auslösenden Ereignis. Gerade zu dieser Zeit las ich in der Zeitschrift „INFO 3" von einem Seminar auf der griechischen Insel Santorini zu dem geistigen Testament Bernard Lievegoeds („Über die Rettung der Seele"), veranstaltet von Cornelia Härtelt und mit dem Referenten Jelle van der Meulen. Da mich in dieser Zeit der Geldsegen aus der Haftpflichteinlösung gerade erreichte, war ich flüssig genug, um an diesem zweiwöchigen Seminar teilnehmen zu können, was ich dann auch in die Tat umsetzte.

In den zwei Wochen auf Santorini herrschte zwischen den Veranstaltern und den Teilnehmern dieses Seminars, die überwiegend aus Mitteleuropa und da überwiegend aus Deutschland und den Niederlanden kamen, (mit Ausnahme einer Griechin namens Parthena), eine solch freundschaftliche und vertrauensvolle Atmosphäre, als dass sich diese kurze Zeit zu einem regelrechten geistigen „Jungbrunnen" entwickelte. Wir wohnten in ausgebauten und frisch renovierten Höhlenhäusern, die ein Spezifikum der Insel Santorini waren. Dort teilte ich mir ein Zimmer mit einem holländischen Anthroposophen. Ich durfte tief in die wahre Anthroposophie eintauchen (so erlebte ich es jedenfalls), konnte mich erstmals völlig frei und tief offenbaren, was dann anschließend dazu führte, dass ich mich auch im Kölner Zweig einer freien, sehr offen gehaltenen Arbeitsgruppe anschloß, die Frau Toelke leitete, und wurde schließlich auch Mitglied der Allgemeinen Anthroposophischen Gesellschaft (AAG).

Gleichzeitig gelang es mir auch einen persönlichen und später auch freundschaftlichen Kontakt zu einem anthroposophischen Hellseher (Hermann Keimeyer) herzustellen. Dieser sagte mir aufschlußreiches über meine vorherige Inkarnation. Und all das führte zu einer ungeheuren Belebung meines Verhältnisses zur „Geistigen Welt" im Allgemeinen und zur Anthroposophie im Besonderen.

Wieder hatte sich alles so gefügt, als habe die geistige Welt dies orchestriert.

Der Beruf als Diplom-Ökonom forderte mich weiterhin, nun verstärkt im Kreis Borken, und dort hatte ich auf den Autobahnen und Landstraßen gleich mehrfach einige „Beinahe-Unfälle". Gleich zwei davon blieben mir noch lange im Gedächtnis haften. Ich war auf einer langen Landstraße in einem sehr hügeligen Gebiet unterwegs. Da ich damals einen

Wagen fuhr, der sehr langsam beschleunigte, und
ich im allgemeinen auch nicht die Höchstgeschwin-
digkeit (dort 100 km/h) voll ausreizte, hatte ich
Schwierigkeiten einem „rasenden LKW" der hinter
den Hügeln auftauchte auszuweichen. Es rief eine
Stimme „Halt" und in eben diesem Moment setzte
ich meinen Wagen in den nicht stark abschüssigen
Graben, und der LKW donnerte mit geschätzten
150 Stundenkilometern an mir vorbei. Ohne diesen
Anruf aus der geistigen Welt, wäre ich wohl tot gewesen.

Ein anderes Mal fuhr ich nach Hause – vom Ort
Gronau nach einem langen Arbeitstag kommend –
und fuhr auf eine Autobahnauffahrt auf, wo ich ver-
suchte stark zu beschleunigen, aber mein PKW
dem nur unzureichend nachkam. Ich bemerkte wieder eine Stimme „Halt", die mich im letzten Moment
davor rettete in die links verengenden Leitplanken
kurz vor der Einmündung in die Autobahn zu rasen
– ich war nämlich fast unmerklich beinahe einge-
schlafen. Und wieder einmal hatte die geistige Welt
mich gerettet.

Etliche Zeit später wiederum, zu Anfang des Jahres
2003 mußte ich meine Ehe als gescheitert ansehen.

Meine Frau erklärte die Trennung, und bat mich auszuziehen. Diesem Verlangen entsprach ich denn auch drei Monate später pünktlich zum „Karfreitag".

Mir kam die gesamte Angelegenheit, da ich seinerzeit an starken Depressionen litt, die mich bis kurz vor den Selbstmord führten, wie eine ganz und gar unmenschliche Strapaze vor. Auch beruflich erhielt ich kurze Zeit später die Kündigung (des ohnehin befristeten Vertrages), wegen allgemeiner Stellenstreichungen in unterfinanzierten Bereichen.

Mit der Trennung brach mir mein gesamtes persönliches Umfeld in Troisdorf (meinem damaligen Wohnort) weg. Nur zwei Jugendfreunde hielten noch zu mir. Doch diese wohnten weit entfernt von mir, der eine in Aachen, der andere in Kaarst.

So war ich, der ich gezwungen war, wieder nach Köln umzusiedeln, nun plötzlich völlig auf mich alleine gestellt.

Zu ebendieser Zeit meldete sich bei mir eine römisch-deutsche Schamanin mit Namen Alessandra.

Sie sagte, sie habe meinen Hilferuf aus dem Internet vernommen. Und sie begleitete mich in diesen Monaten mit täglichen Telefonaten, die bei mir wie Wundpflaster auf meine verletzte Seele wirkten. Es gab auch mehrere persönliche Treffen mit Alessandra, die zufällig gerade eine Ausbildung als Psychotherapeutin absolvierte.

Etwas später meldete sich auch noch eine Salzburger wissenschaftliche Laborantin und Reiki-Meisterin, gleichfalls eine Internet-Bekanntschaft, die ich auch einmal persönlich in Salzburg aufsuchte, um mir gleichfalls seelisch-spirituell Hilfe zu leisten. Auch sie half mir an mehreren Klippen auf meinem weiteren Wege sehr verständig weiter, und ich begann wieder nach vorne zu sehen, statt immer nur nach rückwärts.

Das Eingreifen der geistigen Welt hatte mich wiederum gerettet.

Zu allem Überfluß kam ich in meiner alten und neuen Heimat Köln, nicht so zurecht, wie ich mir das vorgestellt hatte. Statt neuer Freunde, gewann ich lediglich zweifelhafte „falsche Freunde" hinzu, auf die nur sehr bedingt Verlaß war, und von denen einer sich so stark in meine gescheiterte Ehe einmischte, als dass ich bald schon eine Klage wegen „Übler Nachrede" am Halse hatte.

Zugleich mußte ich wegen starker Depressionen bald eine Klinik aufsuchen, die mir aber keinen Deut wirkliche Hilfe bot.

Und zu eben diesem Zeitpunkt wollten meine Vermieter in Köln-Poll mich loswerden, mittels einer konstruierten Eigenbedarfsklage. In der ersten Instanz siegte ich zwar noch gegen die Vermieter, doch als die zur nächsthöheren Instanz schritten, da kam es mir vor, als hätten sie den federführenden Richter bestochen – so einseitig endete dieser Prozeß. Ich erhielt zwar noch eine mehrmonatige Frist auszuziehen, doch hatte ich angesichts zweier negativer Schufa-Einträge, tatsächlich kaum die Chance etwas Neues zu finden. Ich stand also kurz vor der Obdachlosigkeit.

Doch auch in dieser scheinbar auswegslosen Situation setzte wieder die Hilfe der geistigen Welt ein.

Ich erhielt nämlich im Rahmen eines ABM-ähnlichen Projektes die Chance wieder als Schuldnerberater zu arbeiten, allerdings auf 11 Monate befristet. Doch ich hatte Glück: Meine Arbeits- und Verdienstbescheinigung suggerierte eine Dauerbeschäftigung, da nur der Eintrittstermin, nicht aber der voraussichtliche Austrittstermin dort vermerkt war.

Und so kam ich zu meiner großen Freude zu einem Wohnungsangebot der Mieter- und Baugenossenschaft „Mieterschutz", welche auf eine Schufa-Auskunft verzichtete, da ich ja bereits eine Arbeitsbescheinigung (formal unbefristet) vorgelegt hatte.

Und auch hier erfuhr ich wieder die Hilfe der geistigen Welt, die alles so einzurichten verstanden hatte, als daß ich nicht in der Obdachlosigkeit enden musste.

Zugleich lernte ich bei einer angeordneten, aber doch im Grunde selbstgesuchten Fortbildung im Steuerrecht (für Wirtschaftswissenschaftler und Juristen) eine neue Bekannte und Freundin kennen, die mich über etliche Jahre und Tage, bis zum heutigen, immer wieder mit ihren Impulsen hilfreich begleitet, und auch da anpackt, wo sich sonst niemand findet.

Auch hier liegt die Hilfe der geistigen Welt nahe.

In der Zeit der Langzeitarbeitslosigkeit bis zu meiner Frühberentung kam es zu so manchem Glücksfall, in Form der Förderung durch anthroposophische Freunde. Nennen möchte ich hier

Barbara Biermann, Monika Weber und Majda Kohnen.

Es gibt noch viele weitere Beispiele, die hier zu nennen wären – doch ich will hier nicht vom hundertsten ins tausendste kommen. Hervorheben möchte ich auf jeden Fall noch die uneigennützige

Computerspende von Manfred Röhr, die mir wirklich in vielerlei Hinsicht weitergeholfen hat. Auch zahlreichen weiteren „hilfreichen Geistern" möchte ich auf diesem Wege danken.

Autobiographische Notiz:

Michael Heinen-Anders wurde am 25.02.1960 in Köln geboren. Er studierte an der Bergischen Universität Wuppertal Wirtschafts- und Sozialwissenschaften.
1989 schloss er das Studium als Diplom-Ökonom ab.
Michael Heinen-Anders trat 1994 der Anthroposophischen Gesellschaft, Zweig Köln, bei. Seit 2012 ist er gleichfalls Mitglied der Freien Hochschule für Geisteswissenschaft.
Er veröffentlichte zahlreiche literarische, essayistische und wissenschaftliche Schriften, darunter „Aus anthroposophischen Zusammenhängen", BoD, Norderstedt 2010 und „Aus anthroposophischen Zusammenhängen Band II", BoD, Norderstedt 2018.
Michael Heinen-Anders lebt in Köln, ist geschieden und hat zwei erwachsene Töchter.